문학과지성 시인선 96

우리들의 陰畵

김혜순 시집

문학과지성사에서 펴낸 김혜순의 시집

또 다른 별에서(1981)
아버지가 세운 허수아비(1985, 개정판 1994)
나의 우파니샤드, 서울(1994)
불쌍한 사랑 기계(1997)
달력 공장 공장장님 보세요(2000)
한 잔의 붉은 거울(2004)
당신의 첫(2008)
슬픔치약 거울크림(2011)
피어라 돼지(2016)
어느 별의 지옥(2017, 시인선 R)
날개 환상통(2019)
지구가 죽으면 달은 누굴 돌지?(2022)

문학과지성 시인선 96
우리들의 陰畵

초판 1쇄 발행　1990년 12월　5일
초판 5쇄 발행　1993년　1월 20일
재판 1쇄 발행　1995년　3월　2일
재판 6쇄 발행　2025년　5월 26일

지 은 이　김혜순
펴 낸 이　이광호
펴 낸 곳　㈜문학과지성사
등록번호　제1993-000098호
주　　소　04034 서울 마포구 잔다리로7길 18(서교동 377-20)
전　　화　02)338-7224
팩　　스　02)323-4180(편집)　02)338-7221(영업)
전자우편　moonji@moonji.com
홈페이지　www.moonji.com

ⓒ 김혜순, 1995. Printed in Seoul, Korea

ISBN 89-320-0480-3 02810

이 책의 판권은 지은이와 ㈜문학과지성사에 있습니다.
양측의 서면 동의 없는 무단 전재 및 복제를 금합니다.

문학과지성 시인선 96
우리들의 陰畵

김혜순

1995

自 序

　지난 시절엔 왜 그리도 자주 젊은 시신들이 땅속에서, 물 속에서 떠오르던지. 나는 그만 죽음에 휘둘려서. 사인 불명의 퉁퉁 불은 시신을 앞에 놓고 우리는 왜 그리 또 손바닥이 붉어지던지.

　또 시집을 내느냐고 웃는 사람에게 이 귀신들을 하나씩 선물한다. 부디 머리풀고 곡하면서 소란스럽기를.

1990년 가을
김　혜　순

우리들의 陰畵

차 례

▨ 自 序

팔십 년 긴 장마/11
침 묵/12
들들들들/14
종/16
구멍 散調/17
중앙박물관 길/22
달/25
우리들의 陰畵/26
서성거리다/28
밤이 낮을 끌고 간다/30
中 風/32
배꼽을 향하──ㅅ경례!/34
큰 손/36
벽이 다가온다/37
강도처럼/38
저 자석 붙은 땅이/39
어떤 개인 날/40
기다림/42
치 료/43
첫 눈/44
죽음 아저씨와의 재미있는 놀이──술래잡기/46

죽음 아저씨와의 재미있는 놀이──콩주머니 던지기/48
천   둥/50
시체는 슬픔 때문에 썩는다/51
火   葬/52
내가 달을 비춘다/53
들숨, 날숨/54
세기말적 遊泳/56
태평로 1/58
남은 자들을 향하여──양파/59
마술 시리즈/60
귀신으로 꽉찬 조국/62
떠오른 시체/64
큰 눈동자 이야기/66
그 공동묘지의 풀/68
남은 자들을 향하여──매일 '그날 밤'을 묻으며/69
남은 자들을 향하여──위독/75
정형외과 병동/76
입   술/77
내 詩를 드세요/78
염소 혹은 인텔리/80
모든 말엔 제공이 붙는다/82
기념일/84
썩는 말/86
죽음 아저씨와의 재미있는 놀이──줄넘기/88
태평로 2/90
컴퓨터 심연/92

날마다의 복사/94
서울이 휙휙/96
無作爲/98
견딜 수 없는 문명의 속도/100
수　박/101
오늘의 이브/102
다시 태어나기 싫은 아이/104
이 시대의 사랑법/106
레이스 짜는 여자/108
사　랑/110
여름 나무/111
장　롱/112
빵의 대화/114
지도 만들기/115
살과 쇠/116
오늘 크낙한 밤이/118
이제 멈추고 싶어/119
다　시/120
우리 아이들의 귀신/122

▨ 해설 · 무서운 유희 · 남진우/123

팔십 년 긴 장마

무서워 무서워
소금기둥 위에다 비옷을 걸친
내가 지나간다
십 년 장마에 반쯤 녹아
키가 줄어든
내가 지나간다

검은 우산을 쓰고
다가온
네 검은 안경테 밑에서
소금물이 줄줄
녹아내린다

그래그래 다 녹자
이까짓 소금기둥
다 녹여버리자
바닷물 더 짜지게

침 묵

침을 퉤퉤 뱉아
만들었다는 묵
칼로리도 없고 맛도 없어 양념 덕에 먹는다는 묵
우뭇가사리처럼 말갛게 굳은 것
그것을 길에 냅다 쏟아부으면
민방위날 서울 한복판처럼
자동차들이 몽땅 멈추고
새는 물론
새를 따라가던 총알이 공중에
그대로 멎는다 한다
말 또한 뱉아지는 대신 삼켜진다고 한다

그대 검은 장갑 낀 손에
들려진 침묵 한 사발
오늘 아침 얻어먹으니
느. 닷. 없. 이
ㄴㅐㄱㅏㅅㅡㅁㅅㅗㄱㅇㅡㄹㅗ
ㅍㅕㄹㅊㅕㅈ'ㅣ'ㄴㅡㄴㅇㅗㅅ'ㅣ'ㅂㅁㅏㄴㅍㅕㅇㅇㅢ
ㅊ'ㅣ'ㅁㅁㅜㄱㅅㅏㅁㅏ
……ㄱ

나는 사막에다 말을 걸고 싶은 타조처럼
동굴 벽에다 그림을 새기고 싶은 크로마뇽인처럼
자동차사막 바퀴사막을 달려간다
끈적끈적한 침으로 빚은
묵에다 시를 새기고 싶어
어둔 밤 사막을 휘휘 저어 달려간다
말은 안 하고
침을 게워
묵을 만드는 사람들 사이로
그 묵에 갇혀 급기야 콘크리트 되는
사람들 사이로

들들들들

침묵을 향하여
채찍을 들어
올리는 사람들

침묵을 향하여
개새끼들 하면서
달리는 차창을 열고
침을 칙—— 뱉는 사람들
들
들
들
들들들들

생쥐처럼 이빨을 세워
침묵의 벽을
일평생 쏠다가
그 벽에 갇힐 사람들

밤마다 아파트 밖으로
쏟아지는

침묵을 캐내는 소리들
신문지 밖으로 쏟아지는 채찍들
연설자의 강대상 밖으로
터져나오는 채찍들
채찍들이 공중에 맞부딪는 소리

채찍들의 교합
갈 곳 몰라 부유하는 채찍들

(내가 청스커트에서
혁대를 잡아빼
방바닥을 후려치며
던지는 대갈일성!
나쁜 놈의 자식들

방바닥에 죽어 널브러진
채찍)

침묵을 메우고 살다
침묵 속으로 잠겨가는 사람 들 들 들 들

종

요새는 아무도 종을 치지 않는다
신부님도 잊어버렸나
염소같이 생긴 권정생 아저씨도 잊어버렸나
종소릴 들은 지 한참 된 것 같다

머리가 땡땡 울리지 않는다
울리지 않는 머리를
벽에 짓찧으면
물렁물렁한 내 머리가
지점토 반죽같이 찌그러진다

(종이 썩는다
종을 치면
종이 종이 뭉치처럼 부서져
썩은 책처럼 흩어진다)

깊은 밤 내가 이불을 쓰고 누워
물렁한 종을 베개 위에 얹어놓고
곰팡이처럼 어둠이 내리는 것을 본다
옆방에서도 긴 한숨 소리 들린다

구멍 散調

1

내 몸의 구멍 참 많다
망양정 정자 위에 높다랗게 올라서면
동해 바다가
내 구멍을 채우러
들어온다
내 온몸엔 마구 흘러다녀도 될
구멍 참 많다
바다는 빈 구멍마다
들어와 샌다
흐른다

2

수도꼭지를 틀었을 때처럼
아니아니 위장 속으로 기름진 식사가
마구 쏟아져 들어올 때처럼
사람들이 에스컬레이터로부터
쏟아져 들어온다
난 지하도에 들어서면
전화 걸고 싶다

나 여기 있어요 이제 쏟아질 차례예요!
내장 속을 여행하는 사람들
내장 속에 있는 주제에
난 거기서 토했다
음식이 음식을 토한다?
여기 잠시 소화가 덜 된 음식물처럼 머물다
항문 괄약근 밖으로 실려가
역사 밖 더 어둔 곳으로
저절로 밀려나갈 사람들
그 안에서 내가 토한다

3
청천 하늘엔 별이 두 개
우리네 하늘엔 오늘밤 별이 두 개
문풍지 구멍처럼 별이 두 개
그 구멍으로 하늘이 찔끔찔끔
쏟아져내리고

4
죽음도 나왔다가 들어가는 구멍

그 구멍 속에다
저마다 죽음을 기르는 사람들
그 구멍 속에서
죽음을 꺼내놓기 안타까워
저렇게 발 구르며
포효하는 저 남자
죽음을 안고
웅크린 나를 향해
내놓으라
내놓으라
그래야 사는 법
설교하는 저 성자 할아버지

참
기막힌 연설이야

5

올림픽대로로 자동차들 씽씽 달릴 때마다
뻥뻥 뚫리는 구멍
나 뛰어가고 난 자리

뻐엉 뚫리는 구멍
구멍 생산자들의 질주
이른 새벽 청소부 혼자 그 구멍들을
빗자루로 메우고 산다

                    6

내 팔뚝을 지나
풀밭 사이 개미길로
사라진 불개미 한 마리
아, 놓쳐버렸다
(텅 빈 공간의 확장)

날마다 보이지 않는 개미들이 달려와서
우리를 먹어치운다
(점점 우리들 시야가 멀어진다)
보이지 않는 개미들이
군장을 차고
삽 들고 와
나를
떠

먹는다
(내가 점점 파헤쳐진다)

개미만큼 줄어든 우리만
남고
우리 사이에서
구멍이 넓어진다
점점 넓어진다

중앙박물관 길

이조시대관에서 아이를 잃어버린 걸 알았다.

나는 왕의 밥그릇, 술잔, 수저를 잊혀진 후궁처럼 바라보다 말고 백자 연적의 연꽃잎들을 주르르 흘리며 고려시대관으로 달려간다. 나는 비취빛 화병들 사이로 뛴다. 병들이 한쪽으로 쏠리며 무너지는 것 같다. 튀어오르는 가는 鶴, 어린 소나무, 바다에 떨어지는 민물고기, 나는 정신없이 뛴다. 뛰면서 조그맣게 아이의 이름을 불러본다. 부르는 소리는 그릇 굽는 불가마 속으로 들어간 불쏘시개처럼 흔적이 없다. 나는 다시 달려나간다. 고려에서 신라로, 개성에서 경주로 문을 박차고 나간다. 금귀걸이 옥귀걸이 유리귀걸이 소리가 잘그랑잘그랑 나는 방 속을 뛴다. 금을 왕수에 녹일 때처럼 가슴속에서 기포가 보그르르 올라온다. 어떡하나. 파헤친 왕릉 사이로 아이의 머리가 언뜻 보인 듯하다. 나는 그 무덤의 부장품 사이로 손을 집어넣는다. 단단한 통유리가 손바닥 아래서 탁! 나를 막는다. 신라관에서 불현듯 토기시대관으로 건너뛴다. 박물관 밖으로 나가선 안 되는데. 그러면 더 못 찾을 텐데. 흙이 일어서 그릇이 된다. 흙이 일어서 사람이 된다. 흙이 일어서 물동이가 된다. 모든 그릇들이 아이로 보인다. 깨어진 아이를 본드로 붙여놓은 듯

하다. 아이가 물을 담고 서 있다. 휘재야 휘재야 나는 운다. 눈물이 카펫 바닥에 스며들고 박물관 입구에서 산 엽서들이 쏟아진다. 석기시대관 입구에서 다시 아이를 부른다. 돌화덕에서 연기가 오르는 듯하여 경황중에 한 번 더 쳐다본다. 돌칼 돌화살 돌창 저것들로 잡을 짐승이 있었다니 믿기지 않는다. 문밖으로 달아나는 노루 언뜻 보인다. 그 노루를 쫓아가다 말고 휴게실을 둘러보기로 한다. 어느 나라로 떠나는 대사에게 임명장이라도 내린 방일까. 웅장하고 두껍고 붉은 커튼이 어마어마하다. 한 손으로 머리 위에 종이를 내리며 아프리카로 가라, 그대는 칠레로. 아니면 남의 나라 사람들이 남의 나라 사람들에게 남작 백작 공작 자작 깃털을 하사하며 정오엔 깃을 펴라 뽐내어라 연극하던 방일까. 그곳에서 코카콜라를 판다. 나는 누군가와 부딪치면서 콜라 세례를 받는다. 흰 치마에 콜라가 썩은 피처럼 번진다. 징징거리면서 계단을 내려간다. 다시 올라온다. 사각의 미로 같다. 그러다 어느 방에 갑자기 고꾸라지듯 들어선다. 철기 시대. 철로 만든 검. 철로 만든 방패. 철로 만든 모자. 철로 만든 창을 등지고 다시 나온다. 그러다 계단 위로 꿈결처럼 아이가 걸어 올라오는 것을 본다. 엄마

이게 뭐야? 으응 이건 철갑옷이야. 칼로 싸울 때 맞지 않으려고 입는 거야. 무거운 옷일 거야. 우리는 철기 시대 철갑 병사 앞에서 두 손을 맞잡는다.

달

달은 먹는다
우리의 깊은 잠을
잠든 영혼이 품은 대낮의 햇볕을
대양을 떠가는 배들의 영혼을
폭풍우 치는 밤 들판에 흩어진
꿈틀거리는 시신들을
보리밭에 머리 처박고 가랑이 벌린
밤처녀의 혼령을
웃으며 빨아먹는다
둥그렇고 싯누런
완벽한 죽음의 얼굴이
동산 위에 떠올라
잠든 세상의 꿈을
마구 뒤섞어 달빛으로 절여 먹는다

우리들의 陰畵

오늘 아침에는 아직도 우리가
피난중이라는 생각
아직도 어린 새끼 등에 업고
총칼 대포 피해 피난 보따리 이고 지고
우왕좌왕 쫓기는 꿩떼 같다는 생각

누가 굶어죽는지 누가 얼어죽는지
걸음아 나 살려라 힘껏 내달린다는 생각
이 보따리 잃을까 이 보따리 빼앗길까
웅크리고 두리번거린다는 생각

(누가 이리 꼭 묶어놓았나 피난 보따리
우리들의 골통 보따리
들어온 것 못 나가고
나간 것 못 들어오라고
누가 와 자근자근 밟아놓았나
무덤 보따리)

오늘 아침 청계천을 꽉 메운 차들
내려다보고 있을 때 문득 스치는 풍경

길고 긴 피난민 행렬, 우리들의 무의식
울지도 못하고 떠밀려가는 보따리 행렬
죽어서도 못 썩을 우리들의 陰畵

서성거리다

길이 녹는다
뜨거운 방바닥 위의 엿가락
핵폭탄 터진 뒤의 철길
길이 녹는다
두 발바닥 아래 눌어붙은 길이

나는 아직 걷고 있는데
갑자기 운동화 끈 탁! 풀리듯
길 끊어지고, 강!
산봉우리 숨찬 길 멈추고, 무한창공!
길이 녹는다
흘러온 길이 녹고
흘러갈 길이 녹고

이제 다 끝났다고
이제 그만두자고
이제 눈물도 끓는다고
길이 녹는다
침통해 내려다보는 너희들 얼굴 사이에서
길이 녹는다

녹아서 지글거린다
흔적만 남아서

밤이 낮을 끌고 간다

밤이 낮을 끌고 간다
아침이 새초롬히, 소녀처럼 끌려가고
한낮이 햇살 양산을 빙그르르,
다음, 저녁이 아련한 소복 치맛자락을 펄럭이며

잠옷을 벗고 어둠을 한 세숫대야 씻어낸 사람들이
또 시작이야 아침을 먹고
밤새 널어놓은 신발을 신고
뛰자뛰자 집을 나서지만
늘 출발한다고 말하지만
등뒤엔 언제나 검은 파이프를 문 밤
밤이 낮을 끌고 간다
한낮을 지나 저녁을 지나 술집을 지나
잠자리에 몸을 쾅 눕힐 때까지
밤이 나를 끌고 간다

날마다 낮이 짧아진다
살아볼수록 낮이 짧아진다

매일매일의 밥이 끌려가고

매일매일의 키스가 끌려가고
매일매일의 노동이 끌려가고
매일매일의 시신을 먹고
밤은 배부른 둥근 자석 지구처럼
둥그래 검은 배가 날마다 불러온다

간혹 역사를 읽고 동상을 세우지만
책 속에서 메마르게 떨어지던 낡은 이름!
끌려간 한낮은 다시 보이지 않고
오늘 저녁이 또 바삐 끌려간다

中 風

집이 뛰어간다
식구들을 찾아
이역 만리 구름 천만리

골대가 뛰어간다
농구공을 찾아
새장이 새를 찾아
밥그릇이 밥을 찾아
구두가 발을 찾아
육신이 제 맘을 찾아

어두운 뿌리가
바람난 꽃을 찾아
땅속을 헤맨다

시가 나를 찾아
두 발이 없어
지붕 위에 떠다니며
호드득거리는
불쌍한 시인 찾아

시가
방정맞게

부서진 집이 나를 찾아
반쯤 부서진 집이
나를 찾아
바람 따라 떠다니다
두 발이 사라진
중심에 바람든
시인을 찾아

배꼽을 향하──ㅅ 경례!
──C에게

모두
차려─엇!
경례!
일렬로 도열한 그대들이여
머리를 숙여
경례를
공손하고도 장엄하게!
그대들의 아랫배를 향하여

그는 아랫배로 생각한다
그는 머리 위에 아랫배를
올려놓고 걸어간다
그의 생각은 아랫배에서
잠시 머물다
우물쭈물, 그러나 쾌변!
그는 밤마다 뼈 없는
생물을 아랫배에 키우며
모시며
숨을 모두우고
아랫배를 향하여

차려—엇!
경례엣!

──일전에 듣자 하니
그의 배꼽 양쪽에
눈이 두 개 돋아났다 하고
그 위로 머리카락마저
수북이 자란다 하더라

큰 손

보이지 않는 땅속에서
보이는 하늘 향해
나무가 솟아오르고
보이지 않는 땅속에서
보이는 땅으로
나를 태어나게 하고
보이지 않는 땅속에서
보이는 땅으로 시가 뛰쳐나오고
보이지 않는 땅속에서 세상이
솟구쳐나와
보이는 이 한세상 살다
다시 보이지 않는 저세상으로

그러나 여기 일단의 사람들이
보이는 사람들이
날마다 어둠 속으로
영겁의 블랙 홀 속으로
보이는 세상을
꽝꽝 밀어넣고 있네
일생을 파내어도
다 못 파낼 만큼 깊게

벽이 다가온다

벽이 다가온다
앞에서 다가온다
뒤에서 다가온다
점점점 계곡이 좁아진다

드디어 오징어보다 얇게 박포되는 우리
하늘은 늘 푸르고 푸른 나무들 우리들 가슴 사이로
뿌리내리는데
땅 위엔 금 하나 보이지 않고
파피루스 단 한 장으로 처리되는 우리
가을 되면 땅 위로 우수수 떨어지는 낙엽들

앞에서 벽이 다가온다
뒤에서 벽이 다가온다
그 가운데 내가 까마득히 매달려
흔적 없이 사라졌다가
다시 너에게 벽이 될 내가 매달려

강도처럼

내가 하늘을 향해
총을 겨눌 때마다
덜커덕덜커덕 철문을 내리던 저
파아란 하늘
내가 오토바이를 타고
달려갈 때마다
뒤에서 뭉청뭉청
잘려나가던 땅

오늘 아침
나는 마지막 남은 나를
향해 일발 장진했죠

저 자석 붙은 땅이

슬픔은 다 빼버려야 한다
많이 울어라
눈물을 다 빼버리고
이제 가벼이 살아봐라
(어머니 말씀)

나는 한없이 아래로!
저 구멍 큰 자석이
아가리를 벌리고
전속력으로 나를 빨아들여
마치 나는
스킨 스쿠버 다이빙하듯이
떨어지며
낙하산 줄을 당기듯
슬픔주머니 부풀리며

그러나 비는 오지 않고
눈물 보따리 터지지 않고
포대기에 꾸려 업은 어린 딸처럼
부풀은 슬픔주머니 등에 매단 채
전속력으로 한평생 낙하

어떤 개인 날

달이 뜬다
스무 개 쉰 개 뜬다
서른 개 마흔 개 뜬다
일흔 개 아흔 개 뜬다
달이 뜨는데
밤하늘에 달이 뜨는데
바다 위에 유리박 뜨듯
일흔 개 아흔 개 뜨는데
그 아래로
자꾸 웃으며 내가 지나간다
큰 입 더 크게 벌려
굽이굽이 뱃속, 구절양장 계곡
다 비추이시라
자꾸자꾸 웃으며 지나간다

묘지 밖으로 나온 사람들이
여든 개 아흔 개 달 띄워놓고
묵은 이를 잡으며 웃는다
몇십 년도 더 묵은 이 잡나보다
마침 그 지루한 장마 떠났다는 소식 뒤

잠깐 짬을 내어
젖은 옷 뒤집어 입는다

기다림

나는 우선 집에 돌아오면
스타킹을 벗고 손발을 씻고
하루분의 화장을 지우고
대못에 가 걸린다
네가 나를 데리러 오리라는 생각
네가 날 데리고 점점점
높은 가지로 오르리라는 생각
그 생각에 걸린 채
푸줏간의 살덩이처럼
천만 근 무거운 살주머니로
밤새도록 대못에 걸려
눈알을 디룩거린다
발밑으로 피가 다 빠져나가는 것도
모르는 채

치 료

높이, 링거병을 받들어 들고
자꾸만 흰 문을 여네
여섯 번 일곱 번 여네
한편엔 흰색 또 한편엔 검은색
칠해진 문을 여네

높이, 먼저 죽은 너희들 두개골을 받들어 들고
두개골에선 죽은 너희들 넋이 녹아
내 핏줄기 속으로 섞여들고
눈물의 강바닥으로 나는 떠밀려
투명하게 투명하게 흘러만 가네

안 보이는
검은 문
안으로 사라져
나
또한
녹아내릴 때까지

첫 눈

삼베 이불 밖으로
놓여진 손
얼굴 위에 자루를 씌우고
이제 묶여지기 직전
잠시 놓여진 손
젖가슴처럼 달콤하고
부드러운 것 위를
달렸던 손
감미로운 물길을 찾아
몰래 꼬물거리며
다가가
젖가슴을 꽉 눌러짰던 손
부드러움의 지옥을
건설했던 손
그러나 지금 삼베 이불 밖으로
잠시 놓여진 손
마치 사막 위로 솟아난
뿌리처럼
메마른
강줄기를 부여잡은

헐벗은 산맥처럼
놓여진
손

누군가 그 산맥 위로
삼베 장갑을 덮고
손목을 묶는다

그리고 그 위로
흰 눈이 펑펑 쏟아진다

죽음 아저씨와의 재미있는 놀이
—— 술래잡기

두 팔을 치켜들고
밤 속을 달렸어
잠옷바람이었나봐
남인지 북인지 난 몰라
짝짝이 구두를 신었나봐
널 죽이고야 말 테야
눈물을 퍽퍽 쏟으며
아무것도 보이지 않는 암흑 천지를
발 디딜 땅조차 없는 허공 만리를
한 가지 일밖에 모르는 귀신처럼
눈 가린 술래가 되어
한없이 어리둥절한 일평생의 길을

무궁화꽃이 피었습니다
무궁화꽃이 피었습니다
무궁화꽃이 피었습니다
됐니? 안 됐니? 눈떠도 되니?

어느 별의 아침 일어나면
대못에 매달려 대롱거리는 내 몸

보게 될 터이지만
그러나 밤 속을 마구 달렸어

죽음 아저씨와의 재미있는 놀이
──콩주머니 던지기

콩주머니를 그렇게 탁탁 던지지 마세요
내 가슴은 바구니가 아니에요
왜 당신은 던지고
나는 얼굴 가리고 모서리로
모서리로 달아나면서도
금 밖으로 나가지 않는 걸까요
당신 말이 주먹처럼 아파요
던지지 마세요
당신 말이 내 뜨거운 가슴에 떨어져 터지잖아요
눈까지 찌르는걸요
뜨거운 우박이
머릿속에 눈 속에 박히는 것 같아요
그러니 제발 그만 던져요
나는 우박 맞고
걸레처럼 너덜너덜 떠는
담뱃잎 같아요

(나 터지면 천지가 까말 거야
까만 눈 내릴 거야
이불 쓰고 누워 있으면

내 뱃속이 콩 볶는 솥처럼
뜨겁게 달아오르니까)

천 둥

그대 목소리 어찌 그리 큰지요
그대 목소리 어찌 그리 무서운지요
내 몸이 두 쪽으로 좌악 쪼개지고
그 안으로 나무 콰앙 박힙니다
그대 목소리 어찌 그리 우렁찬지요
굽혔던 산들이 에미 잃은 망아지처럼 놀라 달아나고
모든 땅이 바다에 잠기려 도망갑니다
굳센 뼈들이 흩어지고
그 뼈를 물고 개들이 달아납니다
그대, 너무 커서 안 보이던 그대
그러나 내 마음속에서 한없이
접혀지던 그대
지옥의 동굴에서 살아나온
그대

한없이 부드러운 구름이지만
한없이 가벼운 깃털이지만
천둥으로 쪼개지는 그대

시체는 슬픔 때문에 썩는다

터질 듯한 물풍선을
머리 위에 올려놓고
두 손으로 꼭지를 틀어쥔 채
비 오는 거리를 걸어가는 것
속옷은 다 젖고
속살이 지천으로 다 아픈데
두 눈을 껌뻑거리며
필사적으로 부푸는
물풍선을 틀어쥐는 것

내 육체의 완벽한 구조 안에
슬픈 내용을 넘치도록 담아들고
터질세라
물샐세라
조심조심 태엽을 풀며 걸어가는 것
그것은

넘치면 썩기 때문?

火 葬

우리 몸 중 물 4분의 3 이상
그것 전부 슬픔
火葬하면 내용 다 증발하고 남는 가루 조금
겨우, 요것이 내 삶의 형식이었더란 말이냐

네가 나의 온 생애를
온 생애의 구조물을
네모난 나무 상자에 담아들고
산에서 강에서
마구 뿌리는구나
마구 뿌리는구나

(내장을 다 꺼내고
박제를 만들 듯
온몸의 물기 다 짜낼 수 있다면
이 무거운 슬픔 사라질까)

내가 달을 비춘다

내가 달을 비춘다
낮은 곳에서 높은 곳을 향하여
그도 열심으로 달을 비춘다
낮은 곳에서 저 높은 곳을 향하여

생명 가진 것들이
온몸으로 푸르름 다해
이 낮은 땅에서
저 높은 달을 비춘다

안 보이는 지구 밖
세상에 떠다니는
완벽한 죽음의 얼굴을 향하여
온 생명 다해 빛을 퍼붓는다
머리를 밤하늘 향해 높이 쳐든 채

들숨, 날숨

나 숨을 들이마시면서
먹은 음식들 몸 안에 가둔다
나 숨을 내쉴 때
먹은 음식들 뿔뿔이 달아나려 한다

밥들이 저 들판 벼포기로 달아나려 한다
생선들 바다로 가 헤엄치려 한다
수박이 줄기를 찾으려 기우뚱거린다
흙으로 바람으로 햇볕으로
가려고 가려고만 한다

나 오늘 숨을 들이마시면서
몸 안에 푸른 콩들을 가둔다
나 오늘 숨을 내쉴 때
청어 한 마리 튀어나오려
가슴을 탕탕 친다

나 자꾸 가둔다
뿔뿔이 흩어지려는 튀는 생명을
숨 크게 들이마시며

날마다 몸 속에 가둔다
나 죽으면
천 갈래 만 갈래 춤추듯 찢어져
흩어질 생물들을

세기말적 遊泳

하늘엔 곧 부서질 별들
땅에는 곧 폭발할 산들
그 사이에 빚어진 사람들

    누군가 지구를 맷돌처럼 갈아
    키질하고 있구나
    먼지로 흩날리는 머리
    허리끈을 꽉 움켜잡고
    오늘의 언덕을 굴러떨어지는 몸뚱어리

수십수만 길 먼지의 바다
장엄한 황색 분진의 소용돌이
그 바닷속 휘번득거리는 수백만 개의 안경
말할 때마다 먼지를 내뿜으면서
두 발로 팡팡팡 튀기기도 하면서
개구리식, 송장식, 개헤엄식
햇빛을 먹고 다시는 뱉지 않는 먼지 바다의 회오리

    두 발은 허공 중 디딜 곳 몰라
    종이 조각처럼 파르르 떠는 염통

깨진 옹기 조각처럼 타오르는 목젖
입 천장에 들러붙는 혀
솟아오르며 솟아오르며 익사하는
세기말적 遊泳
혹은 오늘의 徒步法

차츰차츰 먼지가 차올라오는구나, 내 가방에
 누군가 내 얼굴을 두 덩어리 바위 속에 넣고 문대고 있구나
 부서져 흩날리는 내 두 귀 사이로 언뜻언뜻 네 목소리 청아하구나

태평로 1

나는 담겨져 있다 네모난 상자에
모자가 모자 상자에 담겨져 있듯이
기억이 기억 상자에 담겨져 있듯이

나는 기억의 엘리베이터에 담겨져
투원반처럼, 오늘도 추억처럼
핑그르르

너는 나를 만나러 상자에
담겨져 운반된다
나는 너를 만나러
네모난 상자에 담겨져
태평로를 천천히 걸어 내려간다
층층이 쌓여진 수많은 상자들을 밀치며
계단을 내려오기도 한다
상자 밖으론 419 516 625 517 번 지대로
찾아가는 길들이 골목골목 나누어져 있고
길 양옆으론 상자들이
높이높이 심겨져서 자란다
안으로 필름을 돌리는 털난 돌상자들이

남은 자들을 향하여
―― 양 파

진흙 가면을 벗고 나면
거기 사방에 구멍이 뚫린
주검의 鳥籠이 있고
주검의 鳥籠을 열고 들어서면
거기 온몸에서 쥐어짜진
땟국물 같은 영혼이 한 모금 남아
한가로이 썩고 있다 하네

마술 시리즈

1

서울을 달랑 들어
어항에 집어넣고는
여기까지 물이 찰 것입니다
서울 이쿨 수중 도시가 될 것입니다
그러니 작작 울어욧

2

물고기들은 기다린다
바닷속에서 기다린다
하늘 속에서 기다린다

노루 사슴 쥐들은 기다린다
산속에 숨어 기다린다
천장에 숨어 기다린다

서울이 텅 비길 그들은 기다린다

사막은 기다린다
한강은 흐르는 척 기다린다

자동차 사막 속에서 기다린다

우리가 사라지는 그 시각을
숨 막고 기다린다

              3
이번엔 서울에
쥐를 풀어놓고
잡아라! 잡아
우리 쌀가마니 다 파먹는다
아이들에게도
막대기를 나눠준다

귀신으로 꽉찬 조국

우산대로 천장을 툭 건드리자
죽은 쥐가 툭, 툭 떨어지던
칼국수집에서
저녁을 먹고 거리로 나서니
느닷없는 살별 하나!

나의 남편이 즉각적으로
죽은 뒤의 소원을!
명령했다
내 딸은 난 강시가 될 거야
(죽어서 홍콩 귀신이 되겠다는 말)
나를 미라로 만들어줘
(지금 무슨 말을 한 거야?)
다시 내 딸이 점잖게
난 강시가 될 거야 꼭
강시가 되어서 엄마 아빠 깨물면
모두 강시가 되는 거야
엄마 아빠도 다른 사람 깨물어!
그럼 그 사람도 강시 되는 거야
막 깨물고 싶어지는 거야

(백성들이 모두 달나라 우주인처럼 걷게 된다는 말씀
온 나라에 귀신들만 들끓는다는 말씀)
날마다의 쥐약을 먹고
잠든 식구들 위로
살별 세 개가 함부로
떨 어 진 다

떠오른 시체

1
가끔
무덤 밖으로
감춰둔 시체들이 떠오른다
떠오른 시체의 얼굴이 까맣게 탔다
하고 싶은 말 많은데
물 이불 너무 무거워
떠오른 시체에서 눈알이 불거졌다
못 채운 단추처럼 튀어나왔다
못다 웃은 웃음 너무 뜨거워

2
까마귀떼 달려들어 떠오른 시체를 둘러싼다
너는 위장을 가졌구나
난 뇌를 가지겠다
너 손목을 가졌지
나 발목을 묶겠다
갈가리 찢어지는 시체
품고 있으려 해도
막무가내 들쳐지는 이불처럼

시체의 잠이 한 바가지 두 바가지
시체의 악몽이 낱낱이
시체의 속살이 켜켜이

3

살점을 물고 까마귀떼들이
천지사방으로 흩어지며
네가 죽였지?
네가 죽였지?
창녀는 몸 대신 알리바이를 팔고
과일장수는 수박 대신 알리바이를 판다
스승의 날 학생들은 나에게 엉터리 알리바이를 한 방!
집장수는 집 대신 감옥을 지어주고
동사무소에선 등본 대신 구속영장을 발부하고
아이들은 통지표 대신 가택수색영장을 가져온다
사천만 범인이 벌벌 떨며
네가 죽였지?
네가 죽였지?

큰 눈동자 이야기

 지구 밖에서 지구를 보니 지구는 마치 한 개의 눈동자였습니다. 그의 우주선 그림자가 지구에 은은히 비쳤습니다. 그는 우주선을 타고 그 눈동자 안으로 진격해 들어올 수 없었습니다. 그것은 마치 젖은 눈동자 위에서 날 선 스케이트를 타는 것과 다르지 않기 때문이었습니다. 그는 눈동자 위에다 집을 짓고 탱크를 굴리는 개미떼 같은 사람들을 내려다보았습니다. 그는 눈동자 위에서 살면서 문을 잠그는 사람들을 내려다보았습니다. 눈동자 위에서 우물을 파고 그 물을 받아먹는 사람들을 내려다보았습니다. 그는 하염없이 지구를 돌았습니다. 눈꺼풀이 없어 한 번도 눈감지 못하는 지구와 그는 간혹 쓸쓸히 눈을 맞추기도 하였습니다. 지구의 눈엔 핏발이 자주 서고 눈물이 눈동자 밖으로 흘러넘쳤습니다.

 겨눠 총!
 병사들은 밤중에만
 방아쇠를 당깁니다
 나방이를 쫓는 연기처럼
 탄환이 쏟아집니다
 흰 셔츠를 입은 사람들이 어둠 속으로

흩어져 달아납니다
낮은포복으로! 자세를 낮춰!
밤고양이처럼
총구에 제 눈동자를 매단 채
병사들이 다가갑니다
젖은 눈동자 위에서
한 번도 눈 깜박이지 못하는
핏발선 안구를 짓밟고

그 공동묘지의 풀

초록색 단검들이
땅속에서 솟아올라와
그들이 햇볕을 부르고 바람을 부르고
비를 부른다
뜨겁게 썩고 있는 시신들이
피어올린 싸늘한
눈빛들의 초록색

수천 수만의 잘 닦인
칼들이 날 에워싸고
옹위하고
산정으로 밀어붙이며 밀어붙이며
칼 받아라 칼 받아라
뜨거운 땅 밑으로 두 발이 푹푹 빠지며
쓰러지며 초록 칼의 바다에서 자지러지며
자석 붙은 땅을 피해
달아나다 주르르 녹물을 쏟는
움직이는 녹덩어리
혹은 일용할 살몽치

남은 자들을 향하여
―― 매일 '그날 밤'을 물으며

1
똑같은 비디오를 매일 보는 것처럼 그렇게

걸어봐도 일생 닿지 않는 문이 있다
저기 늘 보이는데
일생 닿지 않는 문이 있다
풀어내도 풀어내도 다 풀리지 않는 실뭉치를 날마다 들고
달려가는 것처럼

도착해도 도착해도 출발하는 이상한 길이 있다
작은 몸 안에 물길 따라 강이 흐르고
숨길 따라 바람이 불고
뼛길 따라 근육이 붙는 한세상이
돌고 있다
쉬지 않고

2
그러나 갑자기 중단된 화면처럼
눈구멍으로 쏟아져 들어오는 그대

그대가 놓친 실뭉치로 엉키는 화면
꺾이는 길들, 부서지는 문짝들
몸 속으로 피가 솟구쳐 그리하여 그 피가
핏줄 밖으로 흘러다니자
산천초목이 뒤집혀 홍수가 나 땅속에서
귀신들이 올라와 해일이 닥쳐 먼먼 과거가 시시때때
달려와서 쓰러져 산 사람들이 길을 피해
산중으로 지붕 위로 바다 위로

그리하여 내 몸 속에 다시 차곡차곡 쌓여

3

내출혈 다음
온 생애의 물꼬가 터져버린 듯
저 도도한 강물
과거 미래가 삽시에 직립하여
마구 쏟아져내리고 작은 몸 속에서
구겨진 전세계가 터져나오고
온 생애의 밤 그 밤 속에 갇혔던
현재들이 공룡처럼, 산 너머 사라져간 호랑이들처럼

마구 피어난다

(튀는 피와 함께
깨어진 기억의 겨울 나라에서
밀려오는 칼날 같은 파편들이여
핏줄 속에 새긴 이름들이여
가혹한 흘러넘침이여)

4

내 딸아 집에 가서 밥을 먹자. 불쌍쿠나 그 자식 매만 맞더니. 에미 잃고 짚세기도 없이. 잘못했어요 아버지. 수박은 내가 안 먹었어요. 방망이 좀 치워주세요. 이제 죽었나봐요. 절간에 모셔주세요. 거기 재워주세요. 아직 못 떠났어요. 왜 자꾸 이렇게 떨어지기만 하지요. 흐흐흐 여기가 가스 지옥이지요. 큰 칼 옆에 차고 깊은 시름하는 차에. 묻어주세요. 나를 묻어주세요. 보내지 마세요. 안 가요.

5

누에가 실을 자아내듯 머릿속에서

쉬임 없이 게워져나오는 끈
침상에 누운 다만 현재인 몸을
결박하는 그 질긴 실타래
(갈수록 돌이 되는 머리
내 전신을 갈아엎는 엉킨 실뭉치의 트랙터
그날 밤의 트랙터)

6

내 몸에서 떨어져
자꾸만 뒤돌아 뛰며
내가 태어난 나라로
줄행랑치는 현재 현재 현재
내 쌍둥이 몸들과 다시 만날 때까지

기억의 실뭉치로 만든 목도릴 두르고
고통의 빗으로 부풀린 숱 많은 머리칼을 이고
뒤뚱거리며 달아나는 저 여자
무거운 내 쌍둥이

날마다 뒤돌아보면서 흘러만 가는 나와

내 몸으로부터 일어나
도망치는 너와 너와 너와
한날 한시에 한몸으로 만날 때까지
나는 아직도 여기 남아
똑같은 비디오를 틀고

7

관 뚜껑을 열어놓고
나의 남편은 나를 내려다보며
생시와 꼭 같아라고 말한다
나의 딸은 엄마 귀가 이상해 보라색이야 한다
내 어머닌
나는 그때 설거지를 하고 있었는데
애가 글쎄 끙끙거리면서
백번째 똑같은 말을 하신다

나는 또 너를 꽝꽝 묻고 돌아와 늦은 저녁을 먹고

8

네가 어둠 속에서 자라나

내 가슴을 움켜잡을 때까지
내 팔과 네 팔이 갈퀴처럼
서로 엉켜들 때까지
우리 머리 위로 이끼가 자라고
나무들 손 벌려 웃을 때까지
어린이들 달려와
엉켜든 한몸 위를
발 구르며 뛰놀 때까지

나는 매일 밤 여기 남아
너를 꺼내어 다시 묻고

남은 자들을 향하여
―― 위 독

흰 벽과 흰 천장과
흰 옷 입은 사람들 사이로
나의 흰 보트는 항진해
하루 이틀 사흘 하얗게
세월을 지워버리면서
온몸에 링거 바늘을 꽂은 채 항진해가
안 보이는 세상으로
보이는 세상에서 안 보이는 휘장을 젖히고

보이지 않는 세상에도
흰 눈도 내리고 비도 와
심장 없으면 심장 없는 채로
얼굴 없으면 얼굴 없는 채로
모두 가고 와

아아 안 보이는 세상에선
총 맞은 사람 매일 총 맞고
칼 맞은 사람 매일 칼 맞고
매일매일 전기의자에 앉는 사람 있고
나의 흰 보트는 날마다 가라앉아
한없이 그렇게 살아가

정형외과 병동

　두다리위로바퀴를굴리고지나간사내와두개골과한쪽눈 알을부수고도망간헤드라이트사내와척추를부러뜨린몽둥 이타이탄사내들이지나간뒤아픔은짧고치욕은길다고견디 는데십년은넘을거라고후유증이라는게있다고양잿물에삶 은빨래처럼빛바랜할머니와두눈썹과한쪽눈알이새까만머 리털없는처녀와입술이두꺼운욕쟁이아줌마가침대시트를 붙잡고무거운것들을달고다니다사라진사내들의뒤통수를 붙잡고가랑이사이로자동차를낳으려하고있네

입 술

 지렁이과. 자웅동체. 밑에 있는 것을 암컷이라 부르는 사람도 있고 위에 있는 것을 암컷이라 부르는 사람도 있으나 그 누구도 수컷과 암컷을 구별하지 못한다. 그 생긴 모양에 따라 성격도 각각. 늘 함께 벌어지고 함께 닫히는 한몸, 환한 대낮에는 새초롬히 땅속을 헤매는 듯 닫혀 있지만 밤이 오면 밖으로 나와 피부로 숨쉬며 할말 안 할말 다하고 살면서 다른 지렁이 쌍과 몸 비비기도 서슴지 않는다 한다. 신선한 야채와 과일을 즐기면서도 말은 마구 냄새를 피우면서 배설한다는 소문. 입과 항문의 동체. 그 배설물의 독성은 가히 치명적(껄껄거리면서 터지는 헛방귀 소리. 그 앞에선 온갖 동물들이 피해간다). 어두운 곳에선 끝장을 볼 때까지 터널을 파기를 좋아하며 창자와 하나의 관으로 연결되어 있는 기관. 날카로운 이빨로 부드럽고 간사한 붉은 성감대를 가린다는 소문. 그 수다를 보다못한 두더쥐가 어둠 속에서 잘라 먹어도 잘라진 채 잘도 진흙 뻘밭을 기어나가는 환상동물. 하늘이 걸리는 두 눈 아래, 배를 땅에 붙이고 기는 얼굴 위의 생물 중 가장 하등동물. 붉은지렁이과. 천적은 새. 새의 소리없는 비상을 내심 두려워하고, 또 부러워한다.

내 詩를 드세요

죽은 이들이 또 수의를 입어요
수의를 걸치고 이제 마악 떠나는 사람
바로 저 사람
나를 맞기 위해

배고픈 죽음이
또다시 뒷발 들고
우뚝 서서 포효하고 있어요
내 입까지 차올라와요

머리가 뒤로 젖혀지고
세상이 빙글빙글 돌다
검은 머리채를 파헤치고
정수리 한가운데
한꺼번에 침몰해요

그리하여 나는 부글부글 끓어올라요
입김이 뭉글뭉글 솟아오르잖아요?
수많은 추억을 혼합하여 끓인 찌개처럼
돌아온 당신들이 쓰러진 나를

흰 식탁에 내려놓고
찬 숟가락을 확 들이밀 때까지
내가 이제 더 이상 불 것이 없을 때까지

나는 시방 또 끓어올라요

염소 혹은 인텔리

나무를 얇게 벗겨 만든 종이
종이로 만든 책
나는 벽에 기대앉아
한장 한장 종이를 뜯어먹는다
나무 한 그루를 발가벗겨
입에 쑤셔넣는다

보리로 만든 술
키 큰 보리의 오줌 같은 슬픔
나는 벽에 기대앉아
오줌 한 모금 먹고
종이 한 장 먹고
또 하루를 새까맣게 지운다

창밖으로
해가 뜨고
해가 지고
이틀 사흘이 가고
종이로 만든 길이
내 뱃속에 구절양장

빙빙 돌아간다
그 길을 내가 한없이
중얼거리며
까만 똥처럼 오그라져 지나간다

모든 말엔 제공이 붙는다

내가 마시는 공기
극우 보수 반동 제공이었습니다
내가 마시는 물
오호츠크해 상공 저기압 제공이었습니다

강원도에서 올라온
우리 고모 하시는 말씀이
애, 서울에선 똥 만드는 데 돈
똥 누는 데 돈
똥 치우는 데 돈!
제공 붙은 배설
제공 붙은 뒤처리

물 마시면 죽는다
청량음료협회 제공
사랑하면 안 죽는다
연속극광고협회 제공
죽어도 걱정 없다
생명보험협회 제공

나 잠깐 나갔다 올게
터질 듯한 방광 제공
내 시의 끝없는 주절거림
아득한 섬 제공(?)

모든 말엔 제공이 붙는다
아나운서의 말처럼
티브이 탤런트의 눈물처럼
모든 말엔 제공이 붙는다
라는 말에도 제공이 붙는다
라는 말에도 제공이 붙는다

기념일

그는 계단을 올라왔다
급히 자동차를 타고
마악 들국화 뿌리 밑에서 일어나
학교로 들어선 참이었다

학생들은 책가방을 풀고
숙제를 꺼냈다
한 학생이
기념일 숙제에 그의
이름을 썼다
선생님은 숙제의
답이 틀렸다고
일일이 지적했다
막대로 책상을 톡톡 두드렸다

그가 계단을 다
올라와 문 손잡이를 잡은 순간
학생들은 흰 고무지우개로
틀린 답을 지웠다
틀린 답은 쉬 잊혀지게 마련

그의 얼굴이 교실문 뒤에서
지우개 가루처럼
흩어졌다

썩는 말

TV를 켜니 그 사람들이 귀엣말을 한다
전달! 第二人者가 第一人者에게
　　　第三人者가 第二人者에게
　　　(그들의 비밀을 因子 밖의 우리는 모른다)
전달! 第四人者가 第三人者에게
　　　第五人者가 第四人者에게
　　　(말은 어두운 뱃속을 올라와
　　　어두운 귓속으로 밤의 항진을 계속한다)
전달! 第五人者가 第六人者에게
　　　第六人者가 第七人者에게
　　　(말은 第七人者의 향응을 받으며 놀다가
　　　잠시 그녀의 자궁 속에 들른다)
전달! 第七人者가 第八人者에게
　　　第八人者가 第九人者에게
　　　(쑥떡쑥떡이 쑥떡을 낳고
　　　쑥떡쑥떡이 똥떡을 낳는다)
전달! 第九人者가 第十人者에게

말이 방사형으로 퍼진다
말이 말처럼 커튼을 내린 마차를 끌고

구멍 속으로 들어왔다가 전속력으로 나갔다가 다시 들어왔다가
말이 말을 낳고 말을 낳아 한 말 쌀알보다
더 많은 말이 쏟아져
장기판의 졸말처럼 우왕좌왕
(곳간에선 비밀의 쌀 몇십만 말이
냄새도 요란하게 썩는다
그 귓속말이 요란하게 썩어
구더기들이 귓바퀴에서 비 오듯 쏟아진다)

바다에선 바닷말이 썩고
하늘 아래 비밀 말들이 썩는다
(빛 들어갈라
입 안 벌리는
내 몸통 속에서
온갖 말들이 와장창 썩는다)

죽음 아저씨와의 재미있는 놀이
──줄넘기

줄을 쥔 아저씨
그렇게 자꾸만 줄을 돌리지 마세요
어지러워 죽을 지경이에요
줄넘기 놀이에 지쳤어요
하나 넘어주면 또 하나 금이 내려오잖아요
매일매일 그래프 종이 밖에서
그래프 종이 속으로 못 들어가 발발 떠는 기분이에요
아저씬 밥 먹고 있을 때에도
입에서 눈에서 줄이 나온다지요?
매일매일 나보고 넘어봐 넘어봐 하는 것 같애요
그렇게 줄 가지고 종아리 치지 마세요
숨차 죽을 지경이에요
발바닥이 이제 다 닳았어요
종아리가 짧아졌어요
땅속에 묻히는 것처럼 키가 작아지고
줄은 더 더 더 높아져요
아저씨가 헤아리는 숫자 소리가
밤마다 온 마루를 갉아먹어요
빨랫줄에 매달린 빨래들처럼
줄 잡고 흔들리는 저 사람들 좀 쳐다봐요

저기 저 줄에서 떨어져 구겨져 밟히고
흙 묻는 사람들 좀 봐요
하늘엔 손잡이도 없는데
어떻게 자꾸자꾸 뛰라 그러세요?
장난 좀 그만하세요

태평로 2

거인들은 눈이 많다
오백 개 천 개
아이구 다 못 세겠다
그 많은 눈에 불을 켜고
밤거리를 내려다보는 거인
장관이다

가까이 다가가면
거인의 입냄새
지하 무덤에서 올라오는
싸늘한 냉기
얼음 내장의 냄새
많은 남자들 여자들
한꺼번에 삼키고
조용히 가루를 내어
빻고 있는 저 차가운
기계 내장의 냄새

간혹, 불켠 빌딩의 몸 밖으로
방앗간의 제분기 페달처럼

엘리베이터들이 오르내리는 것 보이고
간혹, 자꾸만 희어지는 머리를
쌓이는 뼛가루를
털어내는 중년 남자의
작아지는 모습 보이고

거인들의 입 밖으로
조용히 불어나오는 바람
허기의 바람
모여서 폭풍이 되는
저 배고픈 광장의 바람
어둔 바람

컴퓨터 심연

모니터 화면에 등장하는
잔잔한 수면
나는 '꿈'의 키를 누르고
빠져 들어간다
키를 누르자마자

세모의 산에서
네모의 산으로
사선의 폭풍들 사이로
다시 원들의 회오리
넘어가는 책갈피 속에서
책갈피의 파도를 다
넘지 못하고
제어 불능의 큰 파도 속으로
수천 권의 책들이 날개를 푸드덕거리며
'꿈'을 던지며 내리치며

나는 나를 들여다본다
나는 눈인가 모니터인가 단자인가

주서기 속에 들어갔을 때처럼

혹은 하수구 속으로
쏠려 들어가는 머리채처럼
그러나 부서져 가루가 되지 않으면서
꼬리까지 감추지도 못하면서
심연을 향하여 심연을 향하여
그러나 이곳은 바닥이 없고
벽이 없고 천장이 없는
물 속 한가운데
움직이는 기하학 도형의 소용돌이 한가운데
아무도 통제할 수 없는
규칙적, 불규칙적 바람 한가운데

두 발에 추를 매단 것처럼 무거운 내가
광속보다 빠르고 햇볕보다 더 가벼운
움직이는 그래프 한가운데로
내동댕이쳐지며 돌아가며
그러나 나는 나를 '삭제'하지 않는다

건질 순 없어도 지울 순 있는
전자파도 한가운데

날마다의 복사

자동문을 들어서면
천장 보이지 않는 곳에서
자동 감시 카메라가 돌아간다
문이 열리고
닫힐 때마다
플래시가 번쩍
나는 찍힌다

지하철 4호선 문이
명동역에서 열렸다가 닫힐 때
연구관 문이 발등을 찍으며
열렸다가 닫힐 때
점심 먹으러 가는
충무할매집 문이 열렸다가 닫힐 때

복사기에서 한 장 두 장
복사된 종이가 떨어지듯
내 얼굴이 찍혀 떨어진다
당신이 그 중의 한 장
면상에다 대고

정말 갈 거야 따진다
날마다 문밖으로
복사된 얼굴이
몇 장씩 떨어지지만
정작 나는 어느 문틈에 끼어
자동 카메라 빛 세례를 받고 있을지

아침마다 대문에 찍히기 전
거울에 찍힌 내가
화장을 한다

서울이 휙휙

서울은 달려간다
서울 나무들이 휙휙
강물이 휙휙
애도할 시간도 주지 않고
서울에 치어죽은 사람들이
휙휙
달려가면서 서울은
제가 달리는 걸 알까?
그 사실을 알고나 있을까?
그저 나무가 달리는구나 할까
그저 저 집이 달리는구나 할까
그저 지나가는 저 사람이…… 할까

   서울은더빨리날마다더빨리달린다. 서울의다리에누가모터를달았나?태양이놀라고저달이놀라. 가끔멈추어선채달리는서울을뻐언히내려다본다. 잠깐씩서울상공에서태양이자취를감추어도아무도깨닫지못한다. 오늘아침엔바람이정신을잃고머리풀고서울밖에서서울을따라오는것이보였다. 바람을쫓아오던비는서울귀퉁이에걸린채서울밖에반서울안에반그만아무데나싸버린다. 지금서울을따라뛰던죽음조

차잡았던손놓쳐버려아무손이나잡고획획

  아아 달 없는 상공의 저 비행기
  달리는 서울을 따라잡으려
  마구 속력을 내고

無作爲

자동 오프너로 깡통을 열어
꽁치 통조림을 먹는다
비리고도 부드러운
살점을
두 손가락으로 후벼내어
한번에 한 마리씩
단숨에 먹어치운다
뼈째 먹어치워도 무방하다
뼈 또한
살과 같이
비리고도 부드럽다
뱀 통조림도 뚝딱 먹어치운다
강아지 통조림도 뚝딱 먹어치운다

그러나 오늘 아침
누구신가 내 코에
자동 오프너를 걸고
소란스레
내 뚜껑을 여는 소리
껍질을 찬찬히 벗기는 소리

부드러운 내 뼈가
무너지는 소리
환청처럼 쩝쩝거리는 소리

견딜 수 없는 문명의 속도

너는 이리 갔다 저리 갔다
말뚝은 빼었다 박았다
시체들은 누웠다 일어났다
벽은 허물었다 쌓았다
별들은 떨어졌다 붙었다

누군가
내가 딛고 선 땅을 잡아당겨
누군가 하늘을 말아쥐었다 펼쳤다 하잖아
누군가 날 짓밟아
으깨고 있잖아
다시 뭘 만들려고 하나봐

썩 나오지 못해
고삐를 풀었다 틀어쥐었다 하는 놈
축구공처럼 내 머리를 걷어차고 있는 놈!

수 박

너는 나에게 몸을 자꾸만 자꾸만 달라고 달라고 하고

너는 내 몸을 마구 짓밟고

신경과 핏줄은 마구 늘어져 이 땅에

얼기설기 줄기처럼 흩어지고

내 머리는 날마다 네 입김으로 풍선처럼 부풀어

햇볕은 욕설 손가락질보다 더 뜨거워

나는 또 머리로 머리를

퍼런 네 새끼를 낳고야 마는구나

오늘의 이브

스민다, 뱀이
내 몸 속으로

퍼진다, 스며 들어온 뱀이
내 몸 전체로
호수에 던진 잉크병처럼
꺼멓게

퍼진다, 독이
정수리까지
일용한 마취의 독이

스며 들어온 독이
무겁다, 쇠뭉치처럼

스며 들어온 독이
나를 일으켜세워
걸어가게 한다
금단의 나무 밑으로

그리곤 선이든 악이든
마구 따먹게 한다

다시 태어나기 싫은 아이

이름 없는 이를 두드리지 마, 열지 마
죽은 사람이 소리친다
물 없는 섬에
물 흘려넣지 마
내 방의 벽화를 보려고 마
실핏줄 당기지 마
내 이마의 글씨를 읽으려고 마
얼른 문을 닫아
빛을 들여보내지 마
숨막혀
생명이 다 날아가

다시 살아나기 싫다면서
엄마를 큰 파도 속에
텀벙 던지는 태중의 아이
물에 빠져 허우적거리는
엄마를 모른체하는 아이
백지 한 장의 기억도 없는 아이
망각의 무덤 열기 싫어
기억의 문고리 당기는 엄마 손

힘차게 깨무는 아이
땅 속에서 땅 밖으로 마악
뽑혀오르려는 아이

이 시대의 사랑법

사막의 카우보이
연인은 사막에서
노려보는 털북숭이
땀투성이 더러운 손가락
노려보는 꽃게 두 마리

우리는 다리가 너무 많아
각자 열 개씩 아니 그 이상
모래펄에서 만난 두 마리 꽃게처럼
다리가 너무 많아 결합 불능
안으면 안을수록 서로 잘려
목을 안으면 목에서 피가 나
가슴을 안으면 가슴이 찢어져

슬픈 연인들이야
안을 때마다 상처가 패이는
한번도 완벽하게 안아본 적이 없는
슬픈 연인, 상처받은 사랑이야

우리는 다리가 너무 많아

각자 백 개씩 아니 그 이상
잘라야지 잘라야지 서로에게
말해주면서 각자 더 많은 다리를 키우는
해마다 온몸에 다리를 심는

땡볕의 사막
빈사의 두 연인 땀투성이 피투성이
필사적인 제스처
서로에게 다가서며 다가서며
피를 뚝뚝 떨구며
서로의 엉킨 다리를 짓이기며

아무래도 우린 다리가 너무 많아

레이스 짜는 여자

송편을 찌다가
떡 반죽을 두 손으로 마구
짓뭉개고
침을 탁 뱉고
마구 내던지고 싶다가도
      쟁반 위엔
      형형색색의 가지런한 송편

술을 따르다가
술잔을 내던지고
깨뜨리고
깨어진 술병을 들고
마구 찌르고, 뚝뚝 듣는
선혈을 보고 싶다가도
      약간 떨며 술잔 모서리에
      찰랑 알맞게

언제나 고요한 시선, 고요한 수면
하늘 한번 쳐다보고 한숨 한번 쉬고

불을 지피다가
불붙은 장작을
초가삼간 지붕 위로 내던지며
나와라 이 도둑놈들아
옷고름을 갈가리 찢고
두 폭 치마 벗어던지며
용천발광하고 싶다가도

문풍지가 한밤내 바르르 떨고
하이얀 식탁보는 눈처럼 짜여지고

사 랑

너와 내가
서로 사랑하는 척
서로 죽여주지 못해
손 잡고 강바닥을 굴러
내려온 것은
끌어안는 척
서로를 비끌어매고
검은 바다 밑바닥까지
굴러와
서로 떨어지지 못해
밀물 썰물 밀고 당기는 것은
철천지 눈물 흘리며
서로 맷돌처럼 들붙어
살을 깎아
짠 소금을 풀어놓는 것은
짠물에 또, 속살을 데이는 것은

여름 나무

식지 않는 욕망처럼
여름 태양은 지지 않는다
다만 어두운 문 뒤에서
잠시 쉴 뿐 서산을 넘어
결코 사라지지 않는다

다시 못다 끓은 치정처럼
몸 속에서 종기가 곪는다
날마다 몸이 무거워진다
밥을 먹을 수도 돌아누울 수도 없을 만큼
고름 종기로 몸이 꽉찬다

한시도 태양은 지지 않고
한시도 보고 싶음은 지워지지 않고
한시도 끓는 땅은 내 발을 놓지 않고
그리고 다시 참을 수 없는 분노처럼
내 온몸으로
붉은 혹들이 주렁주렁 열린다

장 롱
—— 김점선에게

1

그녀의 베이지색 몸통에
달려 있는 무수한 서랍들
내가 젖꼭지를 잡고 스윽 당기자
열리는 서랍마다 뜨는 태양
서랍마다 들려오는 소리
점선아 도롱뇽알 잡으러 가자
엄마 배고파
(잠시 포탄 터지는 소리)
숫말 같은 아버지 당근 드세요
열쇠는 없지만 문틈으로 보이는 광경
당산나무같이 붉은 엄마
맨드라미 꽃밭같이 넓은 태반
그 탯줄 가지에 매달린 거위떼
분홍 핏물 초록 핏물 쪽쪽 빠는 자식 남편

2

나는 내 몸 속을 휘젓는다
블랙 홀처럼 깊고 검은 내 장롱 서랍
잃어버린 엄마 손 찾아

난리통 그 너머까지 마구 휘젓는다
몇십 년 넘게 입은 그 옷더미 속을
미친 듯이
뒤져낸다

빵의 대화

커튼을 치고 우리는
잼을 바르지요
꿀도 바르지요
매끄러우라고 마가린이나
버터를 바르기도 하지요
가끔은 불 위에 벗은 몸을 얹어
굽기도 하지요
(냄새가 그윽하군요)
기분이 나면
머리 위에 체리 장식도 하지요

그리고 우리는
서로를 먹어치우지요
두 손으로 좍좍 찢어가며
둘이 모두 흔적 없이
사라질 때까지
열나게 삼켜버리지요

지도 만들기

침대 위의 두 남녀
검은 구름을 깔아뭉개면서
둥둥 떠 있는
공동묘지를 휘어잡으면서
죽은 자들의 낄낄거리는
목소리를 흉내내면서
머릿속에서 출렁거리는
바다를 끌어내려고
땀을 뻘뻘 흘리면서
목 위에 얹힌 한 덩어리
지구를 어쩌지 못해

우그러뜨리는
희디흰 대지
찢어지는 코리아표 시트

살과 쇠

자동차 유령이 TV에 나타났다
신세대의 다이내믹 세단
(자동차 유령은 영문 제문을 좋아한다)
황금빛 유령, 은회색 유령, 까만 유령들
왼쪽 깜박이를 깜빡깜빡
모두 좌회전 모션을 취하면서
엉덩이를 돌릴 때
마치 빙판을 미끄러져 좌회전하는
작두 위의 무쇠 덩어리들처럼
유령들의 머리칼이 빛난다

넋을 놓는 제주들
어쩜, 어떡하면 좋아요?
신통하기도 해라
내 마음을 꿰뚫는 공수를 하다니
돈을 놓는 제주들
부르릉 부는 신의 바람
신의 강림답게 푸르른 연기까지

망토를 펄럭이며 떠나지 않는 유령

제주들의 몸 속에서
바람이 불 때마다 펄럭거리며
월급 봉투를 낚아채는 마누라처럼
TV에서 거리로 뛰쳐나와
귀신 든 사람들의 속곳을 뒤지는

자동차 유령과 사람들의 현란한 정사
매캐하게 낭자한 신음 소리
잠시 후 푸르뎅뎅하게 녹슬어 섞이는 살과 쇠
그 고철 쓰레기 더미를 짓밟고 다시 등장하는
신세대의 다이내믹 세단
머리칼은 플라스틱, 손톱은 세라믹
오오 그 이빨은 비행기의 강판
오묘하기도 하시지 새로 오신 새 주인님

오늘 크나한 밤이

나무는 타오른다
마치 혀를 날름거리는
독사처럼 한 발로 곧추 서서
밤을 핥아먹으려는 듯
소리치고 헐떡거리며
달구어진 가슴으로
입술 사이론 불덩이를 내뿜으면서

  오는 크나한 밤이
  장작 하나 살라먹는다
  심드렁 별맛이 없다는 뜻
  검은 부젓가락으로
  타는 나무를 퍽 쪼개어
  우지끈 씹어먹는다
  단숨에 손가락 다섯 개를
  입 안에 털어놓고
  손등으로 입술을 쓰윽 닦는다

가끔 재가 바람에 날리고
우린 추위에 벌벌 떤다

이제 멈추고 싶어

나는 생각의 보따리를 가득 이고
날마다 커지는 보따리를 이고
덜컹거리며 덜컹거리며
아침마다 왕복 열차를 탄다

그러나 내려서 그에게로! 한번도 가본 적이 없는
늘 가면서도 한번도 닿아본 적이 없는
그에게로! 날마다 커지는 생각의 보따리를 이고

먼먼 기억의 궁륭 저편
그가 오고
또 내가 갔었는데
오늘 텅 빈 왕복 열차를 타고
피곤에 지친 내가 덜컹거리며
그곳과 이곳을 왔다갔다
생각의 보따리를 차창에 기댄 채

다 시

큰 달 떠오르는 저녁이면
당산나무 큰 가지
치마 풀어 걸어놓고
그래, 모두 지랄염병이었어
신파조로 컹컹거리면서
성냥 좌악 그어 담배 붙여 물고
침 카악 뱉고
눈물 그렁그렁 담아서
먼 산 바라보며
당산나무 손가락마다
붉은 옷고름 뜯어 걸어놓고

새 몸주님 보오시라
탯줄 가지마다
피 멕인 고름 걸어두었으니
들어와보오시라 흠향하시라
너울너울 즐기시라
향긋한 오줌 차오르는
너른 태반가에
돗자리 깔아놓았으니

들어와 누우시라
정말 또 한번 속아주고 싶은
새 몸주님

코 히잉 풀어놓고
주인 잃은 강아지처럼
당산나무 빙빙 돌면서
그러나, 언제나 지랄염병이었어
뱃속에 아직 남은 미친 세월을 꽝꽝 두드리면서
가슴을 꽝꽝 치면서
담배꽁초 휙 던지면서
마른 북어 탕탕 두드리면서
새 몸주님 들어와보오시라

우리 아이들의 귀신

내 딸의 애인은 레오날드 아센바하
그의 머리칼은 푸른 웨이브가 허리까지
두 눈은 꿈꾸듯 하고
가는 손가락은 마치 꿈결처럼
오케스트라의 선율을 더듬지만
불행의 가시밭길을 언제나
가로질러야 하는 팔자 드센 미남
늘 불행의 소녀 주디를
껴안고 뛰고 있지만
내 딸은 그를 부른다
레오날드 아센바하 푸른 속눈썹

그러나 그는 실체가 없는 컴퓨터 귀신
아이들의 가슴과 일 대 일 부딪치면
흔적 없이 사라져버릴 전자파 머리칼
실체가 없는 음화 현대판 머리푼 귀신
그 귀신을 바라고
내 딸은 가슴이 붕긋해 올라온다

〈해 설〉

무서운 유희
—— 김혜순의 시세계

남 진 우

　김혜순의 시는 극적 긴장으로 가득차 있다. 팽팽하게 당겨진 활처럼 그녀의 시는 내적 활력으로 충만해 있다. 혹은 활을 떠나 과녁을 향해 일직선으로 날아가는 화살처럼 거침없이 대상을 향해 육박해간다고 말할 수도 있으리라. 신중함이나 치밀함, 세련됨 등은 그녀가 선호하는 미덕과는 거리가 먼 요소들이다. 그녀는 단호하게 본질을 들춰내고 정면에서 승부하며 자유롭게 비약한다. 때문에 그녀의 시는 단숨에 씌어졌다는 인상을 주며 단숨에 읽히는 힘을 발휘한다. 그녀의 시가 가진 속도감은 압도적이어서 독자로 하여금 천천히 반성적 사유를 진행시키면서 읽어나갈 여유를 허락지 않는다. 신 내린 순간의 무녀(巫女)의 사설 같은 그녀의 도도한 언어의 율동에 일단 휩쓸려 들어가고 나면 그녀가 설치한 소용돌이 형상의 미궁에서 빠져나오기란 무척 힘든 일이 아닐 수 없다. 예컨대 박물관에서 아이를 잃어버리고 찾아 헤매다 간신히 되찾는 경험을 이야기하고 있는 작품의 일절을 읽어보도록 하자.

> 이조시대관에서 아이를 잃어버린 걸 알았다.
> 나는 왕의 밥그릇, 술잔, 수저를 잊혀진 후궁처럼 바라보다 말고 백자 연적의 연꽃잎들을 주르르 흘리며 고려시대관으로 달려간다 나는 비취빛 화병들 사이로 뛴다. 병들이 한쪽으로 쏠리며 무너지는 것 같다. 튀어오르는 가는 鶴, 어린 소나무, 바닥에 떨어지는 민물고기, 나는 정신없이 뛴다. 뛰면서 조그맣게 아이의 이름을 불러본다. 〔……〕 파헤친 왕릉 사이로 아이의 머리가 언뜻 보인 듯하다. 나는 그 무덤의 부장품 사이로 손을 집어넣는다. 단단한 통유리가 손바닥 아래서 탁! 나를 막는다. 신라관에서 불현듯 토기시대관으로 건너뛴다. 박물관 밖으로 나가선 안 되는데. 그러면 더 못 찾을 텐데. 흙이 일어서 그릇이 된다. 흙이 일어서 사람이 된다. 흙이 일어서 물동이가 된다. 모든 그릇들이 아이로 보인다.
> ——「중앙박물관 길」에서

자기 아이를 찾아 헤매는 부모의 애탄 심정과 바쁜 몸동작이 얼마나 여실히 시의 이미지와 리듬에 의해 재현되고 있는가. 바슐라르의 지적대로 기관(器官)이 욕망을 수동적으로 수행해내는 것이 아니라 욕망이 적극적으로 기관을 만들어내는 것이라면, 시인은 지금 미로 같은 박물관을 헤매는 것이 아니라 시인의 급한 마음이 박물관을 '사각의 미로'로 만들고 있는 셈이다. 박물관의

내부를 오가는 시인의 공간 이동은 이조→고려→신라→토기 시대→석기 시대로의 시간 여행으로 변주되며 화자의 시선에 포착된 주위 사물은 본래의 고정된 상태에서 벗어나 변형되고 움직인다. 그런데 우리가 여기서 놓치지 말아야 할 점은 이 시에서 화자의 의식이 정돈돼 있지 않고 장면의 전환이 매우 빠름에도 불구하고 그러한 순간을 언어로 정착시키는 시인의 의식은 아주 냉철하며 또 이러한 냉철한 의식 덕분에 위 작품은 한 편의 시로 성공할 수 있었다는 점이다. 특히 시의 끝부분에서 화자와 아이가 다시 만나 "철기 시대 철갑 병사 앞에서 두 손을 맞잡는다"는 표현은 우리 시대의 상황과 결부되어 미묘한 알레고리적 함축까지 획득하고 있다. 우리는 여기서 앞서 김혜순 시의 핵심 요소라고 지적한 바 있는 '극적 긴장'의 의미를 되새겨보게 된다. 긴장 앞에 '극적'이란 수식어를 붙인 것은 단순히 상반되는 요소들의 갈등에서 오는 긴장의 강도를 강조하기 위해서가 아니라 그녀의 시가 지닌 연극적 성격——김수영의 어법을 빌리자면 '요염한 연극성'——을 부각시키기 위함이었다. 그녀의 시는 대부분 일정한 극적 상황을 설정하고 그 속에서 벌어지는 드라마를 추적하는 형식을 취하고 있으며 독백이나 방백을 시의 형식 속에 적극 도입하고 있다. 그녀의 시가 서정적인 영탄이나 감상과는 거리가 멀 뿐더러 비교적 건조한 어휘의 묘사로 이루어졌음에도 불구하고 울림의 진폭이 큰 것은 시의 흐름을 주관하고 있는 극적 구도 때문이다.

1) 침을 퉤퉤 뱉아
   만들었다는 묵
   칼로리도 없고 맛도 없어 양념 덕에 먹는다는 묵
   우뭇가사리처럼 말갛게 굳은 것
   그것을 길에 냅다 쏟아부으면
   민방위날 서울 한복판처럼
   자동차들이 몽땅 멈추고
   새는 물론
   새를 따라가던 총알이 공중에
   그대로 멎는다 한다
   말 또한 뱉아지는 대신 삼켜진다고 한다
   ——「침묵」에서

2) 모두
   차려—엇!
   경례!
   일렬로 도열한 그대들이여
   머리를 숙여
   경례를
   공손하고도 장엄하게!
   그대들의 아랫배를 향하여

   [………]

   ——일전에 듣자 하니
   그의 배꼽 양쪽에

눈이 두 개 돋아났다 하고
그 위로 머리카락마저
수북이 자란다 하더라
　　　　　　——「배꼽을 향하——ㅅ 경례!」에서

3) 그대 목소리 어찌 그리 큰지요
　그대 목소리 어찌 그리 무서운지요
　내 몸이 두 쪽으로 좌악 쪼개지고
　그 안으로 나무 콰앙 박힙니다
　그대 목소리 어찌 그리 우렁찬지요
　굽혔던 산들이 에미 잃은 망아지처럼 놀라 달아나고
　모든 땅이 바다에 잠기려 도망갑니다
　굳센 뼈들이 흩어지고
　그 뼈를 물고 개들이 달아납니다
　그대, 너무 커서 안 보이던 그대　　——「천둥」에서

4) 까마귀떼 달려들어 떠오른 시체를 둘러싼다
　너는 위장을 가졌구나
　난 뇌를 가지겠다
　너 손목을 가졌지
　나 발목을 묶겠다
　갈가리 찢어지는 시체
　품고 있으려 해도
　막무가내 들쳐지는 이불처럼
　시체의 잠이 한 바가지 두 바가지
　시체의 악몽이 낱낱이

시체의 속살이 켜켜이 ——「떠오른 시체」에서

 인용한 네 편의 시는 김혜순 시의 연극적 상관성을 명료하게 드러내 보여주고 있다. 1), 4)에서 시인은 현실을 환상적으로 재구성하여 우리의 인식에 충격을 가한다. 1)에서 침묵을 가리켜 "침을 퉤퉤 뱉아" 만든 묵이라고 말놀이*pun*에 의한 기발한 정의를 내린 다음 그 묵을 길 한복판에 "쏟아부으면"이라는 가정을 제시한다. 그 다음엔 가상의 상황 묘사가 이어지는데 우리는 여기서 현실의 잠정적 중단——환상에의 자발적 몰입이라는 그녀 시의 극적 특성을 엿볼 수 있게 된다. 4)에선 한때 세상을 떠들썩하게 했던 정치적 사건이 역시 극적 방식으로 재구성된다. 떠오른 익사체 하나를 두고서 제각기 아전인수격의 판단과 사실의 왜곡을 일삼는 무리들에 대한 고도의 풍자가 깃들여 있다.
 2), 3)은 극적 상황은 설정되지 않았지만 각각 방백·독백의 양식을 차용하고 있는 작품이라 할 수 있다. 2)에서 아랫배를 향한 경례로 상징되는 우리 시대 의식의 물화 현상과 물질 만능주의는 마지막 연에서 또 다른 목소리의 개입·교란에 의해 중층적인 의미를 얻게 된다. 3)은 오페라에서 여주인공의 아리아를 연상케 하는 작품으로서 '그대'의 억압적인 힘과 권위에 어쩔 수 없이 당하고 순종하면서도 그것이 전부는 아니라는 암시를 깔고 있다.
 이상의 간략한 점검으로도 짐작할 수 있듯이 이 시인이 즐겨 활용하는 극적 요소는 그녀의 시에 우화적 성격을 부여한다. 사실 김혜순은 우리 시대의 탁월한 우화 작가라고 할 수 있으며, 그녀의 시는 이 시대의 갖가지 병폐와 치부를 때로는 현실적인, 때로는 환상적인 이야기에 실어 우리에게 보여주는 우화라 할 수 있다. 그 병폐와 치부란,

> 무서워 무서워
> 소금기둥 위에다 비옷을 걸친
> 내가 지나간다
> 십 년 장마에 반쯤 녹아
> 키가 줄어든
> 내가 지나간다 ——「팔십 년 긴 장마」에서

와 같은 시를 보면 우리 시대를 암울하게 뒤덮고 개개인을 왜소하게 만드는 정치적 억압인 것 같기도 하고,

> 자동차 유령이 TV에 나타났다
> 신세대의 다이내믹 세단
> (자동차 유령은 영문 제문을 좋아한다)
> 황금빛 유령, 은회색 유령, 까만 유령들
> 왼쪽 깜박이를 깜빡깜빡
> 모두 좌회전 모션을 취하면서
> 엉덩이를 돌릴 때
> 마치 빙판을 미끄러져 좌회전하는
> 작두 위의 무쇠 덩어리들처럼
> 유령들의 머리칼이 빛난다 ——「살과 쇠」에서

와 같은 시에서는 자본주의의 물신화·기계화·획일화해가는 삶인 것 같기도 하고,

> 송편을 찌다가
> 떡 반죽을 두 손으로 마구
> 짓뭉개고
> 침을 탁 뱉고
> 마구 내던지고 싶다가도
>
> (………)
>
> 나와라 이 도둑놈들아
> 옷고름을 갈가리 찢고
> 두 폭 치마 벗어던지며
> 용천발광하고 싶다가도 ——「레이스 짜는 여자」에서

를 보면 가부장제 사회에서 여성이 감수해야 하는 성적 불평등 구조인 것 같기도 하다. 어쩌면 이러한 정치적·경제적·성적 억압 모두가 혼재해서 연약한 시인의 정신을 괴물 같은 힘으로 짓누르고 있는지도 모른다. 이에 덧붙여, 우리는 거대한 조직 사회의 톱니바퀴 사이에서 지식인이 느끼는 무력감 내지 절망감도 그녀의 시에서 큰 비중을 차지하고 있음을 눈여겨볼 필요가 있을 것이다. 시인이자 지식인으로서 화자가 느끼는 절망감은 대개 '말의 타락'과 연관되어 드러나는바,

신문지 밖으로 쏟아지는 채찍들
연설자의 강대상 밖으로
터져나오는 채찍들
채찍들이 공중에 맞부딪는 소리

채찍들의 교합
갈 곳 몰라 부유하는 채찍들　　──「들들들들」에서

 환한 대낮에는 새초롬히 땅속을 헤매는 듯 닫혀 있지만 밤이 오면 밖으로 나와 피부로 숨쉬며 할말 안 할말 다하고 살면서 다른 지렁이 쌍과 몸 비비기도 서슴지 않는다 한다. 신선한 야채와 과일을 즐기면서도 말은 마구 냄새를 피우면서 배설한다는 소문. 입과 항문의 동체. 그 배설물의 독성은 가히 치명적(껄껄거리면서 터지는 헛방귀 소리. 그 앞에선 온갖 동물들이 피해간다).　　──「입술」에서

말이 말을 낳고 말을 낳아 한 말 쌀알보다
더 많은 말이 쏟아져
장기판의 졸말처럼 우왕좌왕
(곳간에선 비밀의 쌀 몇십만 말이
냄새도 요란하게 썩는다
그 귓속말이 요란하게 썩어
구더기들이 귓바퀴에서 비 오듯 쏟아진다)
　　　　　　　　　　　──「썩는 말」에서

순결성을 상실한 훼손된 말의 범람은 시인의 상상력을 마비시키고 지식인으로서 최소한의 자존심마저 짓밟는 원흉으로 타기된다.

> 머리가 땡땡 울리지 않는다
> 울리지 않는 머리를
> 벽에 짓찧으면
> 물렁물렁한 내 머리가
> 지점토 반죽같이 찌그러진다
>
> (종이 썩는다
> 종을 치면
> 종이 종이 뭉치처럼 부서져
> 썩은 책처럼 흩어진다) ──「종」에서
>
> 나무를 얇게 벗겨 만든 종이
> 종이로 만든 책
> 나는 벽에 기대앉아
> 한장 한장 종이를 뜯어먹는다
> 나무 한 그루를 발가벗겨
> 입에 쑤셔넣는다
>
> (………)
>
> 종이로 만든 길이
> 내 뱃속에 구절양장
> 빙빙 돌아간다
> 그 길을 내가 한없이
> 중얼거리며

까만 똥처럼 오그라져 지나간다
　　　　　　　　　——「염소 혹은 인텔리」에서

　나무—종이—책—지식의 연상망에 의해 구축된 위의 두 편의 시는 이 시인이 처해 있는 난처한 여건과 자기 모멸감을 희화적으로 드러내고 있다. 시인의 머리는 울리지 않는 종이 되어버렸고 그의 언어는 배설물처럼 버려질 따름이다. 시인이 사는 세상은 물기를 상실한 "자동차사막 바퀴사막"이며 그 속에 갇혀 사는 사람들은 "급기야 콘크리트"(「침묵」)가 되지 않을 수 없는 천형을 선고받았다. 그래서 시인은 우리 현실이 아직도 전쟁의 북새통 속에서 아귀다툼을 벌이는 피난민 행렬 같다고 생각해보기도 하고(「우리들의 陰畵」),

　　하늘엔 곧 부서질 별들
　　땅에는 곧 폭발할 산들
　　그 사이에 빚어진 사람들

　　　누군가 지구를 맷돌처럼 갈아
　　　키질하고 있구나
　　　먼지로 흩날리는 머리
　　　허리끈을 꽉 움켜잡고
　　　오늘의 언덕을 굴러떨어지는 몸뚱어리
　　　　　　　——「세기말적 遊泳」에서

　서울을 달랑 들어

>   어항에 집어넣고는
>   여기까지 물이 찰 것입니다
>   서울 이퀄 수중 도시가 될 것입니다
>   그러니 작작 울어욧　　　　——「마술 시리즈」에서

처럼 묵시록적 공상에 잠기기도 하지만 그 어디에도 탈출을 위한 비상구는 발견되지 않는다. 이러한 세계에서 인간은 저마다 원자화되어 가루로 부서져 흩날리거나(「세기말적 遊泳」「태평로 2」) 녹아내리거나(「팔십 년 긴 장마」「치료」) 피가 다 빠져나가(「기다림」), 오징어보다 얇게 박포되어(「벽이 다가온다」) 벽에 대롱대롱 매달린다(「벽이 다가온다」「기다림」「죽음 아저씨와의 재미있는 놀이——술래잡기」). 이런 시대엔 사랑 역시 불가능해서 연인이란 "끌어안는 척/서로를 비끌어매고" "살을 깎아/짠 소금을 풀어놓는 것"(「사랑」)으로 여겨지거나 "다리가 너무 많아" 결합이 불가능한 꽃게 두 마리(「이 시대의 사랑법」)로 우스꽝스럽게 묘사된다. 아마도 현대인이 직면한 비인간적 상황의 가장 극명한 형태가 그녀 시에 자주 출몰하는 카니발리즘cannibalism, 즉 인간의 피와 살을 탐하는 식인(食人) 및 배설 모티프라고 할 수 있을 것이다.

>   나 여기 있어요 이제 쏟아질 차례예요!
>   내장 속을 여행하는 사람들
>   내장 속에 있는 주제에
>   난 거기서 토했다

음식이 음식을 토한다?
여기 잠시 소화가 덜 된 음식물처럼 머물다
항문 괄약근 밖으로 실려가
역사 밖 더 어둔 곳으로
저절로 밀려나갈 사람들
그 안에서 내가 토한다 ──「구멍 散調」에서

그러나 오늘 아침
누구신가 내 코에
자동 오프너를 걸고
소란스레
내 뚜껑을 여는 소리
껍질을 찬찬히 벗기는 소리
부드러운 내 뼈가
무너지는 소리
환청처럼 쩝쩝거리는 소리 ──「無作爲」에서

그리고 우리는
서로를 먹어치우지요
두 손으로 좍좍 찢어가며
둘이 모두 흔적 없이
사라질 때까지
열나게 삼켜버리지요 ──「빵의 대화」에서

 내가 내 육체의 주재자가 아니며 내가 자신의 생명을 유지하기 위해 무언가를 먹고 섭취해야 하듯이 나의 삶

또한 누군가의 또는 무엇인가의 먹이에 지나지 않는다는 이 시인의 전언은 이 세계의 폭력성과 야수성을 적나라하게 드러내는 한편 영혼이 사라진 시대에 인간적 가치의 모든 것이 신체적인 것으로 축소 환원되어 평가받는 현실을 반영한다. 인용시에서 인간과 인간, 인간과 사회의 관계는 동질성과 유대감에 기초해 있다기보다는 상호 파괴적인 적대 관계 내지 극단적인 가학적 충동의 지배를 받는 것으로 그려져 있다. 또 「들숨, 날숨」이란 작품에서는 숨을 쉰다는, 다시 말해 개체의 생명을 유지한다는 것이 다른 생명을 제 몸 속에 가두는 것에 다름 아니라는 인식을 표출함으로써 삶이 곧 죽음이라는 순환적 세계관을 드러내고 있다. 그 순환은 우주의 조화로움과 화해로움을 드러내는 긍정적 순환이라기보다는 끝없이 되풀이되는 악몽처럼 삶의 지반을 좀먹어 들어가는 부정적인 악순환에 가깝다.

> 보이지 않는 땅속에서
> 보이는 땅으로 시가 뛰쳐나오고
> 보이지 않는 땅속에서 세상이
> 솟구쳐나와
> 보이는 이 한세상 살다
> 다시 보이지 않는 저세상으로 ——「큰 손」에서

> 아아 안 보이는 세상에선
> 총 맞은 사람 매일 총 맞고
> 칼 맞은 사람 매일 칼 맞고

매일매일 전기의자에 앉는 사람 있고
　　나의 흰 보트는 날마다 가라앉아
　　한없이 그렇게 살아가
　　　　　　――「남은 자들을 향하여――위독」에서

　　너는 이리 갔다 저리 갔다
　　말뚝은 빼었다 박았다
　　시체들은 누웠다 일어났다
　　벽은 허물었다 쌓았다
　　별들은 떨어졌다 붙었다
　　　　　　――「견딜 수 없는 문명의 속도」에서

　시인이 보기에 인간의 운명이란 '실종의 쳇바퀴'는 문명의 가속도와 결부되어 세계를 점점 파멸로 이끌어 가고 있다. 삶과 죽음이 경계를 상실하고 문명과 야만이 한통속이 되며 진실과 허위가 구분되지 않는 상황이 우리 앞에 도래해 있다. 이러한 악순환 속에서 삶의 모든 노력은 부질없는 낭비가 돼버리고 모든 인간적 행위는 무지몽매한 제자리걸음에 불과하게 된다, 이 세계를 실질적으로 지배하는 것은 낮이 아니라 밤이어서 "밤이 낮을 끌고 간다."

　　날마다 낮이 짧아진다
　　살아볼수록 낮이 짧아진다

　　매일매일의 밥이 끌려가고

매일매일의 키스가 끌려가고
　　매일매일의 노동이 끌려가고
　　매일매일의 시신을 먹고
　　밤은 배부른 둥근 자석 지구처럼
　　둥그래 검은 배가 날마다 불러온다
　　　　　　　　　——「밤이 낮을 끌고 간다」에서

　이 시에서 낮이 삶의 역동성과 즐거움을 나타낸다면 밤은 그러한 삶의 영역을 침식해 들어가는 암적 존재, 그림자라고 할 수 있을 것이다. 이처럼 낮이 축소되고 밤이 확대됨에 따라 이 세계는 "지구처럼/둥그래 검은 배가 날마다 불러온다." 점점 불어만 가는 밤=현실의 부정적 속성을 시인은 흔히 구멍 이미지로 표현하고 있다. 이 시인의 생각에 의하면 우리가 살고 있는 지구도 우리가 죽으면 갈 저세상도 모두 "아가리를 벌리고" "나를 빨아들"(「저 자석 붙은 땅이」)이려 하는 구멍, 블랙홀에 지나지 않는다.

　　개미만큼 줄어든 우리만
　　남고
　　우리 사이에서
　　구멍이 넓어진다
　　점점 넓어진다　　　　　——「구멍 散調」에서

　그 구멍은 도처에 있다. 아니 시인의 육체 자체가 구멍이어서 "바다는 빈 구멍마다/들어와 샌다/흐른다"(「구명 散調」). 또는 구멍을 향해 "스킨 스쿠버 다이빙하듯이"(「저 자석 붙은 땅이」) 전속력으로 낙하하기도 한다. 시인이 사는 곳은 "바닥이 없고/벽이 없고 천장이 없는/물 속 한가운데"이며 "제어 불능의 큰 파도 속"(「컴퓨터 심연」) "영겁의 블랙 홀"(「큰 손」)인 것이다. 또 「침묵」이나 「들들들들」 같은 작품에서 침묵이 부정적 의미를 부여받은 것도 그것이 정상적인 의사 소통 사이에 뚫린 어두운 구멍으로서 언어의 창조성을 가로막고 대화의 가능성을 차단하는 방해물로 여겨지기 때문이라고 할 수 있다.

  그런데 문제는 시인이 보기에 이러한 구멍의 확대·확산을 막을 어떠한 방법도 발견할 수 없다는 데 있다. 우리를 둘러싸고 있는 현실 조건의 비극성은 거의 숙명적이어서 고통스럽게 감내하거나 무반성적으로 잊고 사는 길뿐이다. 이 점은 그녀의 시에 상승이나 천상 이미지가 잘 나타나지 않는다는 사실과도 관련이 깊다. 현실 저편의 세계에 대한 시인의 초월 욕망은 현실 저편 역시 또 다른 죽음의 세계에 지나지 않는다는 인식에 의해 전도되며 자아—세계의 파괴 욕구로 전화된다. 하늘에 떠 있는 달을 "둥그렇고 싯누런/완벽한 죽음의 얼굴"(「달」)로 보고, 태양을 "못다 끓은 치정" "참을 수 없는 분노"의 "붉은 혹"(「여름 나무」)으로 표현하는 이 시인의 도저한 비관주의를 과연 무엇이 치유할 수 있겠는가. 그래서 시인은 "덜커덕덜커덕 철문을 내리던 저/파아란 하늘"에 총을 겨누기까지 한다(「강도처럼」). 이처럼 위로의 상승 이미지가 나타나지 않는 대신 그녀의 시에는 밑으로의 추락이나 우왕좌왕하는 식의 수평 이동이 많이 등장한다. 달려감·달아남·헤맴·떠밀려감·빙빙 돌아감 등은 그녀 시의 주요 행위소로서 마땅한 출구를 찾지 못한 채 무방향적으로 좌충우돌하는 우리 자신의 초상이 되어주고 있다. 따라서 "웅크리고 두리번거리"는 긴 피난민 행렬이 "우리들의 무의식"(「우리들의 陰畵」)이라고 시인이 단언하는 것은 어쩌면 당연한 일인지도 모른다.

그렇다면 이 시인은 현실의 부정성을 극단적으로 과장해서 드러내는 데 열중할 뿐 이것을 넘어설 수 있는 전망의 제시에까지는 이르지 못한 것일까. 그녀의 절망이 단순히 '방법적 절망'에 그치지 않고 '절대적 절망' 그 극한의 단계에 이른 것일까. 아마 그럴 것이다. 그녀는 미래의 추상적 희망보다는 지금 이 순간의 구체적 절망에 매달리며 그것이 바로 정직한 예술가가 취할 수 있는 거의(!) 유일한 선택이라고 생각하는 듯하다. 그녀의 "시의 끝없는 주절거림"(「모든 말엔 제공이 붙는다」)은 세계의 부조리함과 삶의 무의미함 앞에서 시인이 행하는 마지막 안간힘이자 반항의 양식이다. 그런데 우리는 여기서 다음 한 가지 사실에 유의할 필요가 있다. 그것은 그녀의 시가 간직하고 내뿜는 압도적 부정성에도 불구하고 그녀의 시의 어조는 비극성과 전혀 동떨어진 탄력성과 경쾌함을 동반하고 있다는 점이다. 그녀는 이 세계의 끔찍함을 보여주고 강조하되 거기 함몰되지 않고 이를 그녀 특유의 고감도의 언어로 충전시켜 표현함으로써 생기를 얻고 있다. 그녀는 현실의 무게에 압도되는 대신 한걸음 물러서서 그것을 변형시키고 의도적 왜곡을 가함으로써 이를 다르게 바라볼 수 있는 시야를 열어 놓는다. 이것은 그녀의 시세계를 관류하고 있는 강렬한 유희 정신과 연결되는데 시인은 기지나 유머·과장·말장난 등을 능수능란하게 구사함으로써 자칫 절망의 극한으로 일방 통행하기 쉬운 시적 흐름에 제동을 건다. 다시 말해서 그녀의 시적 유희는 무서운 유희이다. 그것은 자신의 실존을 담보로 한 치열한 싸움이며 자신을 무(無)로 돌림으로써 세상의 숨구멍을 트는 지난한 작업이라 할 수 있다.「죽음 아저씨와의 재미있는 놀이」연작이 보여주는 것은 바로 이것이다. 이 시에서 화자는 한결같이 극심한 피해와 곤경에 처해 있음에도 불구하고 그 곤란을 일종의 놀이로 변형시킴으로써 외압의 무게를 줄이고 웃음을 유발시킨다. 시인은 현실의 비극적 양상을 일종의 운명으로 받아들이고 현실에서 퇴각, 자아 속에 은신처를 마련한 다음 내면을 응시하는 태도나, 현실/자아의 대립을 극단화시킴으로써 격정적이고 광기 어린 이미지로 세계에 대한 적의와 분노를 폭발시키는 태도——이 두 가지 손쉬운 해결책을 거부하고 **현실 속에서 현실을 초월하려 한다.** 이러한 유희엔 어느 정도 지적 조작이 불가피하지만 이때의 지적 조작은 산문적인 논리성보다는 시적 연상의 자유로움과 결부되어 그녀 작품에 탄력성을 부여한다. 특히 동화적 상상력이라 부를 수 있는 시선으로 사물을 투시함으로써 대상의 시각적 변형을 꾀하는 것은 이 시인의 전매 특허라고 할 수 있을 정도이다.

1) 초록색 단검들이
   땅속에서 솟아올라와
   그들이 햇볕을 부르고 바람을 부르고
   비를 부른다
   뜨겁게 썩고 있는 시신들이
   피어올린 싸늘한
   눈빛들의 초록색 ──「그 공동묘지의 풀」에서

2) 간혹, 불켠 빌딩의 몸 밖으로
   방앗간의 제분기 페달처럼
   엘리베이터들이 오르내리는 것 보이고
   간혹, 자꾸만 희어지는 머리를
   쌓이는 뼛가루를
   털어내는 중년 남자의
   작아지는 모습 보이고 ──「태평로 2」에서

  1)에서 무덤의 풀을 초록색 단검으로, 이를 다시 사자(死者)의 눈빛으로 환치시키는 것이나 2)에서 빌딩을 거인이나 제분소로 묘사하는 정도는 이 시집에선 사실 약과이고 기괴하다고 할 만큼 현실과 환상이 접합되어 묘한 효과를 거두는 시편들이 많이 실려 있다. 우리 현실의 괴상망측함과 지리멸렬함을 날카롭게 드러내는 힘을 발휘하는 이러한 이미지들은 현실의 비극성과 의식의 치열성이 부딪치는 순간의 불꽃이라 할 것이다. 그리고 시인이 펼쳐보이는 이러한 유희를 따라가다보면 우리들은 어느새 저열하고 추하게만 여겨온 지하─바닥─구

멍이 어느새 새 생명의 탄생지요 새로운 시작일 수도 있음을 발견하게 된다. 앞에서 분석한 바와 같이 구멍은 현실의 부정적 속성의 마지막 귀착점이자 헤어날 길 없는 심연이지만 우리의 삶이 이루어지는 자리도 바로 그곳이다. 시인은 그 아래에서 그 속에서 끓어오르고 흘러넘친다(「구멍 散調」「죽음 아저씨와의 재미있는 놀이──콩주머니 던지기」「남은 자들을 향하여──매일 '그날 밤'을 물으며」「장롱」 등의 시를 보라).

>그리하여 나는 부글부글 끓어올라요
>입김이 뭉글뭉글 솟아오르잖아요?
>수많은 추억을 혼합하여 끓인 찌개처럼
>돌아온 당신들이 쓰러진 나를
>흰 식탁에 내려놓고
>찬 숟가락을 확 들이밀 때까지
>내가 이제 더 이상 볼 것이 없을 때까지
>
>나는 시방 또 끓어올라요   ──「내 詩를 드세요」에서

고정된 의미와 단일한 목소리의 지배 및 전횡에 항의해서 시인은 필사적으로 불협화음을 내지른다. 그녀의 시는 이러한 끓어오름─흘러넘침의 언어로 이루어져 있으며 이를 통해 규격화돼 있고 통제된 현실의 벽을 넘어선다. "지랄염병" "미친 세월"(「다시」)을 꽝꽝 두드리는 그녀의 언어는 그래서 전래의 '여류시'와는 다른 지평을 우리 앞에 열어놓는다. 이때 독자들은 그녀가 "마구 휘

젓"고 "미친 듯이 뒤져"(「장롱」) 찾아낸 것이 과연 무엇인가라고 물어서는 안 된다. 그녀의 휘저음 그리고 뒤짐 그 자체가 지금 우리에게는 그지없이 소중하기 때문이다. 다만 우리는,

> 완벽한 죽음의 얼굴을 향하여
> 온 생명 다해 빛을 퍼붓는 ——「내가 달을 비춘다」에서

그녀의 시적 노력이 앞으로도 중단 없이 계속되기를, 약간의 안쓰러움과 함께 기원할 수밖에 없을 것이다.